gruppo il sicomoro

LA CONFESSIONE

SPIEGATA AI BAMBINI

il pozzo di giacobbe

Collana Grani di sale

Testi di Barbara Baffetti
Illustrazioni e grafica di Giusy Capizzi

Prima ristampa marzo 2103

gruppo editoriale s.r.l.
Cortile San Teodoro, 3
91100 Trapani
tel./fax 0923.873942 - 0923.540339
e-mail: info@ilpozzodigiacobbe.it
www.ilpozzodigiacobbe.it
ISBN 978-88-6124-266-1
Stampa: Priulla srl - Palermo

PREMESSA

Eccoti qua pronto a confessarti; stai per ricevere perciò il sacramento che è segno visibile del perdono di Dio agli uomini.

I sacramenti sono un dono di Gesù per sostenerci nel nostro cammino di fede ed ognuno rappresenta un suo modo per incontrarci. Questo è il tuo secondo incontro speciale con Lui dopo il Battesimo. Oggi però ne sei protagonista attivo.
Sei chiamato a consegnare al Padre ciò che non hai fatto o detto di buono e quindi a giudicare in modo responsabile le tue azioni.

NON AVERE TIMORE PERÒ! Dio è un padre tenerissimo che accoglie le confessioni dei propri figli come una consegna speciale a cui dà in cambio un dono ancora più prezioso: il perdono. Inoltre ricorda che insieme a te ci sono anche altri fratelli che vogliono chiedere perdono al Padre e che fanno festa per essersi riconciliati con Lui.

Infatti, come dice Gesù, "Ci sarà più gioia in cielo per un peccatore pentito che per novantanove giusti che non hanno bisogno di conversione " (Lc. 15,7).

TORNARE TRA LE BRACCIA DEL PADRE

Che cos'è la confessione?

Sai che la Confessione è il sacramento che ci dice quanto è buono il Signore con noi e quanto ci ami teneramente? Attraverso di essa infatti Egli ci perdona ogni colpa. Quando sei nato con il Battesimo sei diventato figlio di Dio e parte della Chiesa; ora con la tua Confessione puoi ogni volta che ne senti il bisogno.

Dio non si stanca mai di noi e viene a cercarci lui per primo, come fa il pastore con la centesima pecora della Parabola che leggiamo nel Vangelo di Luca:

"Chi di voi se ha cento pecore e ne perde una, non lascia le novantanove nel deserto e va dietro a quella perduta, finché non la ritrova? Ritrovatala, se la mette in spalla tutto contento, va a casa, chiama gli amici ed i vicini dicendo: Rallegratevi con me, perché ho trovato la mia pecora che era perduta" (15, 4-6).

Quindi ogni volta che ti confessi, è come se fossi tu quella pecorella e ti facessi ritrovare dal Signore e prendere tra le sue braccia. Questo tempo del perdono non ha mai fine, perché possiamo confessarci ogni volta che ne sentiamo il bisogno. Infatti Gesù ha pensato di rendersi sempre disponibile ad ascoltarci attraverso i suoi sacerdoti. È stato infatti proprio Lui che, dopo essere risorto, ha donato lo Spirito Santo agli apostoli, perché avessero il potere di perdonare i peccati nel suo nome:

"La sera di quello stesso giorno, il primo dopo il sabato, venne Gesù si fermò in mezzo a loro e disse – Pace a voi! – Detto questo mostrò loro le mani ed il costato. I discepoli gioirono nel vederlo. Gesù disse loro di nuovo – Pace a voi! Come il Padre ha mandato me io mando voi – Dopo aver detto questo alitò su di loro e disse – Ricevete lo Spirito Santo; a chi rimetterete i peccati saranno rimessi e a chi non li rimetterete, resteranno non rimessi" (Gv. 20, 19-23).

Allora è chiaro: il sacerdote che ti ascolta in Confessione è lì a ricordarti quanto è grande l'amore del Signore e come la Chiesa non lasci mai solo chi è in difficoltà. Il sacramento della Confessione viene chiamato in più modi; ciascuno di essi evidenzia un aspetto molto importante dell'intero sacramento.

PENITENZA: Indica la la volontà di cambiamento e conversione, fondamentale per ogni vera Confessione.

CONFESSIONE: Sottolinea la voglia di aprire il cuore a Gesù, consegnando sbagli e mancanze, certi del suo amore.

RICONCILIAZIONE: Evidenzia la pace che torna, tra noi e il Padre e tra noi e i fratelli, grazie al perdono ricevuto.

APRIRE IL CUORE A GESÙ

L'incontro con il sacerdote

Ricorda: Dio non è un giudice pronto a condannarci ogni volta che sbagliamo. Il Signore ci ha creati per amore e ci ha pensati buoni fin dall'eternità e noi restiamo tali, se rimaniamo attaccati a Lui come i "tralci alla vite".

Io sono la vite, voi i tralci. Chi rimane in me, e io in lui, porta molto frutto, perché senza di me non potete far nulla. Se rimanete in me e le mie parole rimangono in voi, chiedete quello che volete e vi sarà fatto. In questo è glorificato il Padre mio: che portiate molto frutto e diventiate miei discepoli.
Come il Padre ha amato me, anche io ho amato voi. Rimanete nel mio amore. Vi ho detto queste cose perché la mia gioia sia in voi e la vostra gioia sia piena (Gv 5.7 - 9.11).

Così quando ci confessiamo è importante riflettere sui nostri errori. Quando pecchiamo infatti, non solo ci allontaniamo dal Padre, ma utilizziamo male anche i doni che Lui ci ha fatto. Usiamo male la nostra bocca quando diciamo parole cattive. Usiamo male il nostro corpo quando compiamo opere in disaccordo con quanto ci ha insegnato Gesù.
Usiamo male la nostra intelligenza, quando evitiamo di riflettere su ciò che di buono potremmo fare e non facciamo.

Pensiamo però che la Confessione è soprattutto un tempo di gioia grande per il Padre, che ci vede tornare tra le sue braccia. A lui infatti, non interessa sapere con certezza quanti sono i nostri peccati, Egli vuole solo incontrare il nostro cuore e trovare in esso ancora tanta voglia di amarlo e di amare i nostri fratelli.

Quindi non abbiamo paura di aprire il nostro cuore a Gesù! Egli conosce la nostra fragilità, ma sa che, come il peccato ferisce l'amore, così l'amore vero è in grado di cancellare il peccato: "L'amore tutto copre, tutto crede, tutto spera, tutto sopporta" (1Cor.13,7).
Gesù è molto felice di ascoltarci e di darci dei buoni consigli per liberarci dal peso del peccato e per fare questo, Egli si fa aiutare dalle orecchie e dalla bocca del nostro parroco.

La presenza dei sacerdoti è molto importante, perché la Confessione non sia una semplice confidenza che facciamo nella preghiera a Gesù, ma proprio un sacramento; proprio perché tale esso deve essere segno visibile. Come nel Battesimo attraverso il segno dell'acqua siamo divenuti figli di Dio, nella Confessione è attraverso il sacerdote che riceviamo il perdono del Padre.
Inoltre la presenza del parroco ci ricorda che tutta la Chiesa ci accompagna nella preghiera.

COME RICEVERE IL PERDONO DEL PADRE

I passi da fare

Quando ci si confessa?
Tutte le volte che sappiamo di aver sbagliato nei confronti di Dio o dei fratelli ed ogni volta che abbiamo bisogno dell'aiuto di Gesù per riprendere il cammino accanto a Lui.
Ci sono poi dei momenti particolari nell'**anno liturgico**, in cui la Chiesa ci invita in modo particolare ad accostarci alla Confessione per prepararci al meglio al Natale e alla Pasqua; questi tempi speciali sono l'Avvento e la Quaresima.
Quando ci comportiamo male con i nostri cari sappiamo bene come chiedere loro perdono; a volte basta un gesto, un bacio o un abbraccio per dimenticare le incomprensioni.

Anche il momento della Confessione vuole che ciascuno di noi compia dei passi, che sono fondamentali per permetterci di riconciliarci davvero con il Padre e riscoprire la gioia di essere suoi figli.

ESAME DI COSCIENZA: la Confessione richiede la nostra collaborazione perché si realizzi. È necessario infatti, lasciare che la Parola di Dio illumini le nostre azioni e le nostre parole e ci permetta di valutare se esse sono state buone oppure in contrasto con i comandamenti del Padre. (Trovi le linee guida per un buon esame di coscienza nella celebrazione penitenziale proposta nella II appendice).

RICHIESTA DI PERDONO: una volta compresi i nostri peccati è il momento di confidare a Dio tutta la tristezza che proviamo per aver interrotto il nostro rapporto con Lui e con i fratelli.
Anche questo secondo momento è molto importante, considerato che sarebbe inutile proseguire nel percorso della Confessione, se non avvertissimo nel profondo del cuore la necessità del perdono del Signore.

CONFESSIONE: il terzo momento è quello nel quale, di fronte al sacerdote, apriamo il cuore a Gesù, confessandogli i nostri sbagli. È un momento prezioso, perché in esso non ci limitiamo ad elencare i peccati fatti, ma abbiamo anche l'opportunità, grazie alle parole del sacerdote, di avere dei consigli che ci aiutino a non ricadere negli stessi errori.

PROPOSITO PER IL FUTURO: dopo aver aperto il cuore al Signore nella Confessione, è il momento di impegnarsi a non peccare più. Gesù sa bene che magari non ci riusciremo, ma ciò che più conta ai suoi occhi è il nostro dispiacere per aver peccato e la nostra sincera ed umile volontà di non ricadere negli stessi errori. Le parole con cui esprimere questi propositi ce le insegna la Chiesa con la preghiera dell'Atto di dolore (I appendice).

PENITENZA: Questo è il momento in cui il sacerdote ci indica qualche preghiera o sacrificio per riparare ai peccati commessi. Non si tratta di una penitenza come quella dei giochi con gli amici, quanto di un modo per rendere visibile con gesti concreti la nostra volontà di cambiamento, di conversione appunto.

ASSOLUZIONE: l'incontro speciale con il Signore nella Confessione, giunge al suo momento più bello, quando il Padre ci dona il perdono attraverso l'assoluzione del sacerdote. Il prete dirà : "Dio Padre di misericordia, che ha riconciliato a sé il mondo nella morte e resurrezione del suo Figlio e ha effuso lo Spirito Santo per la remissione dei peccati, ti conceda mediante il ministero della Chiesa, il perdono e la pace. E io ti assolvo dai tuoi peccati nel nome del Padre, del Figlio e dello Spirito Santo".
Noi risponderemo: "Amen".

LODE E RINGRAZIAMENTO: è il momento di assaporare la gioia del perdono che abbiamo ricevuto. Lo potremo fare restando un po' in silenzio e in meditazione in Chiesa. Ci è stato fatto un *super dono*, tanto super da non venir mai meno. Il Padre infatti, non si stanca mai di rinnovarcelo, perché per Lui siamo un tesoro prezioso.

RICONCILIARSI CON DIO E CON IL PROSSIMO

"OGGI LA SALVEZZA È ENTRATA IN QUESTA CASA"
(Lc.19,9)

Se conosci un po' la storia di Zaccheo (Lc.19, 1-10) sai cosa significa riconciliarsi con Dio e con il prossimo.

Mentre Gesù attraversava Gerico, Zaccheo, il capo dei pubblicani, salì su un sicomòro per poterlo vedere. Zaccheo infatti era piccolo di statura. Gesù però lo vide e lo chiamò: «Zaccheo, scendi, perché oggi devo fermarmi a casa tua». Zaccheo scese e lo accolse pieno di gioia. Poi disse a Gesù:

«Ecco, Signore, io do la metà di ciò che possiedo ai poveri e, se ho rubato a qualcuno, restituisco quattro volte tanto». Gesù gli rispose: «Oggi per questa casa è venuta la salvezza, perché anch'egli è figlio di Abramo. Il Figlio dell'uomo infatti è venuto a cercare e a salvare ciò che era perduto» (Lc 19, 8-10).

Zaccheo è un peccatore inquieto, perché sente che nella sua vita c'è qualcosa che non lo rende felice e che deve cambiare. L'incontro con Gesù gli cambia l'esistenza e lo spinge non solo a restituire i beni a quanti aveva frodato, ma a restituirne in abbondanza.
Infatti, quando Gesù lo guarda, Zaccheo sente che Lui lo ama profondamente e che non può più fare a meno di seguire il Maestro buono. Così la salvezza entra nella sua casa, perché Zaccheo decide di vivere come Gesù ha insegnato.
È così anche per noi: quando pecchiamo, come Zaccheo, ci isoliamo dai nostri fratelli e dal Padre e solo quando ci decidiamo a voler incontrare Gesù nella Confessione, siamo in grado di tornare ad amare le persone che ci sono accanto: i genitori, i fratelli, i compagni di scuola, le maestre...
Ricorda dunque che dopo ogni tua Confessione non è **festa grande** solo per te, ma anche per tutta la Chiesa, per la tua famiglia e per i tuoi amici.

VIVERE NELL'AMORE

Dopo la confessione
un cammino che prosegue

Dopo la Confessione ti ricapiterà di commettere di nuovo gli stessi errori. **NON SCORAGGIARTI!**

Ciò che è gradito al Padre è infatti il nostro impegno e la nostra volontà a non ricaderci.
Così come fu per Zaccheo, il cammino prosegue e a volte può sembrare duro, ma con Gesù nel cuore e il sostegno della Chiesa possiamo farcela.

UN PICCOLO TRUCCO: quando non sai come comportarti, pensa in ogni situazione in cui ti trovi, a ciò che di bene puoi fare; a casa, a scuola, in parrocchia e allo sport, c'è sempre un'occasione per scegliere il bene piuttosto che il male.
C'è sempre un'occasione per incontrare il Signore in chi ci sta accanto!

Ricordiamoci che per il Padre siamo **tutti fratelli** e la Chiesa è come una grande famiglia dove ciascuno è chiamato ad amare e sostenere gli altri.
La Chiesa, come ha detto un giorno Gesù (1Cor. 12,12-27), è come un grande corpo, di cui noi siamo le membra ed ogni parte è responsabile non solo di se stessa, ma anche della salute e della vita delle altre.
Il bene come il male può essere contagioso. Se qualcuno di noi è nel peccato anche gli altri soffrono, ma se ciascuno di noi ama, allora tutti restano nella gioia.
Ricordiamoci dunque di essere...

"Lieti nella speranza, forti nella tribolazione, perseveranti nella preghiera, solleciti per le necessità dei fratelli, premurosi nell'ospitalità. Benedite coloro che vi perseguitano, benedite e non maledite.
Rallegratevi con quelli che sono nella gioia, piangete con quelli che sono nel pianto. Non rendete a nessuno male per male. Cercate di compiere il bene davanti a tutti gli uomini. Se possibile per quanto dipende da voi, vivete in pace con tutti"(Rm.12,9-18).

PREGHIERE PER LA CONFESSIONE

CONFESSO

Confesso a Dio onnipotente e a voi fratelli, che ho molto peccato in pensieri, parole, opere ed omissioni, per mia colpa, mia colpa, mia grandissima colpa. E supplico la beata sempre vergine Maria, gli angeli, i santi e voi fratelli di pregare per me il Signore Dio nostro.

ATTO DI DOLORE

Mio Dio mi pento e mi dolgo dei miei peccati, perché peccando ho meritato i tuoi castighi e molto più, perché ho offeso te, infinitamente buono e degno di essere amato sopra ogni altra cosa. Propongo con il Tuo santo aiuto di non offenderti mai più e di fuggire le occasioni prossime di peccato. Signore, misericordia, perdonami.

PER CHIEDERE PERDONO...

Pietà di me, o Signore, secondo la tua misericordia. Non guardare ai miei peccati e cancella tutte le mie colpe. Crea in me un cuore puro e rinnova in me uno spirito di fortezza e santità.
Oppure: Padre, ho peccato contro di te, non sono più degno di essere chiamato tuo figlio. Abbi pietà di me peccatore.

PER LODARE LA MISERICORDIA DI DIO

Ti voglio benedire ogni giorno,
lodare il tuo nome in eterno e per sempre.

Grande è il Signore e degno di ogni lode;
senza fine è la sua grandezza.

Misericordioso e pietoso è il Signore,
lento all'ira e grande nell'amore.

Buono è il Signore verso tutti,
la sua tenerezza si espande su tutte le creature.

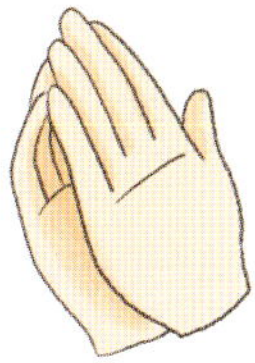

Il Signore sostiene quelli che vacillano
e rialza chiunque è caduto.

(Salmo 145)

Benedite il Signore, angeli suoi,
potenti esecutori dei suoi comandi,
attenti alla voce della sua parola.

Benedite il Signore, voi tutte sue schiere,
suoi ministri, che eseguite la sua volontà.

Benedite il Signore, voi tutte opere sue,
in tutti i luoghi del suo dominio.

Benedici il Signore, anima mia.

Come dista l'oriente dall'occidente
così allontana da noi le nostre colpe.

Come un padre ha pietà dei suoi figli
così il Signore ha pietà di noi.
(Salmo103)

CELEBRIAMO INSIEME IL SACRAMENTO DELLA RICONCILIAZIONE

Traccia
per la celebrazione

PREPARATIVI

Per la nostra Penitenziale, oltre ad una liturgia della Parola appropriata, abbiamo pensato ad un segno che renda visibile ai bambini, che vi partecipano, il **grande abbraccio** che il Padre riserva ad ogni figlio che torna a Lui dopo il peccato. Così proponiamo di predisporre al centro della sala o della Chiesa, un grande foglio bianco, su cui sia stata disegnata l'immagine di Gesù con le braccia allargate in segno di accoglienza. Oltre a questo dovranno essere ritagliate sul cartoncino bianco tante sagome di bambini quanti sono i partecipanti. In questo modo, al termine della propria Confessione, ogni bambino, aiutato dal catechista attaccherà tra le braccia del Gesù disegnato sul cartellone, la propria sagoma, su cui avrà scritto il suo nome.

INTRODUZIONE

Catechista o sacerdote. Siamo qui pronti a Confessarci. Forse pensiamo di aver rovinato per sempre la nostra amicizia con Gesù, di averla rotta come si rompe un vaso. Non scoraggiamoci, perché ciò che è per sempre è solo l'amore del Padre e ricordiamoci che "**Lui fa nuove tutte le cose**". Ce lo dice anche la Parola che ora andremo ad ascoltare.

LITURGIA DELLA PAROLA

Ger.18, 1-4

"Questa parola fu rivolta a Geremia da parte del Signore: – Prendi e scendi nella bottega del vasaio; là ti farò udire la mia parola – . Io sono sceso nella bottega del vasaio ed ecco, egli stava lavorando al tornio. Ora se si guastava il vaso che egli stava modellando, come capita con la creta in mano al vasaio, egli rifaceva con essa un altro vaso, come ai suoi occhi pareva giusto".

Salmo 29,1-6

Ti esalterò, Signore, perché mi hai liberato
e su di me non hai lasciato esultare i nemici.
Signore Dio mio,
a te ho gridato e mi hai guarito,
Signore, mi hai fatto risalire dagli inferi, mi hai dato vita.
Cantate inni al Signore suoi fedeli,
rendete grazie al suo santo nome,
perché la sua collera dura un istante,
la sua bontà per tutta la vita.
Alla sera sopraggiunge il pianto
e al mattino, ecco la gioia.

Lc. 15,11-32

Un uomo aveva due figli. Il più giovane disse al padre – Dammi la parte di patrimonio che mi spetta. E il padre divise tra loro le sostanze. Dopo molti giorni, il figlio più giovane, raccolte le sue cose, partì per un paese lontano e là sperperò le sue sostanze vivendo da dissoluto. Quando ebbe speso tutto, in quel paese venne una grande carestia ed egli cominciò a trovarsi nel bisogno. Allora andò e si mise a servizio di uno degli abitanti di quella regione, che lo mandò nei campi a pascolare i porci. Avrebbe voluto saziarsi con le carrube che mangiavano i porci, ma nessuno gliene dava.

Allora rientrò in se stesso e disse – Quanti salariati a casa di mio padre hanno pane in abbondanza e io qui muoio di fame. Mi leverò e andrò da mio padre e gli dirò "Padre ho peccato contro il cielo e contro di te; non sono più degno di essere chiamato tuo figlio. Trattami come uno dei tuoi garzoni". Partì e si incamminò verso suo padre. Quando era ancora lontano il padre lo vide e commosso gli corse incontro, gli si gettò al collo e lo baciò. Il figlio gli disse – Padre ho peccato contro il cielo e contro di te; non sono più degno di essere chiamato tuo figlio – Ma il padre disse ai servi – Presto portate qui il vestito più bello e rivestitelo, mettetegli l'anello al dito e i calzari ai piedi. Portate il vitello grasso, ammazzatelo, mangiamo e facciamo festa, perché questo mio figlio era morto ed è tornato in vita, era perduto ed è stato ritrovato – E cominciarono a fare festa.

ESAME DI COSCIENZA

Catechista o sacerdote. Abbiamo ascoltato la Parola ed ora sappiamo che l'amore del Signore tutto copre, anche il peccato. Grazie al Vangelo, abbiamo capito che se vogliamo comprendere i nostri sbagli, dobbiamo fare come il figlio minore della Parabola, rientrare in noi stessi e permettere allo Spirito di illuminare le nostre azioni e le nostre parole. Ci aiuterà in questo momento anche l'esame di coscienza che vi proponiamo (sarà utile preparare una fotocopia dell'esame di coscienza per ogni bambino).

Dio è nostro Padre ed ha creato gli uomini e tutto ciò che li circonda per amore.

– Mi ricordo di santificare la domenica come il giorno dedicato a Lui?
– Lo prego e Lo lodo per la vita ed i doni che mi ha fatto?
– Ho cura di me stesso? Ho rispetto di ciò che mi circonda e che Lui ha creato?

Gesù è cresciuto in una famiglia come la nostra e per anni "è rimasto sottomesso" a Maria e Giuseppe.

– Obbedisco ai miei genitori e li rispetto?
– Cerco di non litigare con i miei fratelli?
– Ringrazio mai il Signore per la famiglia che mi ha donato?
– Collaboro alle piccole necessità familiari?
– Sono gentile con i nonni?

Gesù è venuto nel mondo per avere cura dei deboli e degli ultimi.

– Mi prendo cura di chi si trova in difficoltà?
– Affido mai a Gesù, nella preghiera, qualcuno a me caro che ha dei problemi?
– Aiuto i miei amici o compagni di scuola quando ne hanno bisogno?
– Difendo chi viene maltrattato?
– Vado a trovare gli ammalati?

Gesù è venuto a portare la verità e la giustizia.

– Mi ricordo di leggere la Parola del Signore?
– Dico bugie ai miei genitori? E a scuola?
– Mi capita di imbrogliare i miei amici?
– Restituisco ciò che non è mio?
– Spreco mai il cibo o uso male ciò che ho?

Gesù è morto per salvarci dal peccato. Egli ha dato la vita per noi perché ci ama e ci perdona.

– So chiedere perdono per i miei sbagli?
– Riesco a perdonare chi mi ha offeso?
– Mi confesso quanto sarebbe necessario?
– Riesco ad essere paziente con chi si comporta male con me?
– So vedere e riconoscere ciò che di bello c'è negli altri?
Recita comunitaria del "Confesso"

CONFESSIONE PERSONALE

Confessione personale: Al termine ogni bambino attaccherà la sagoma preparata, sul cartellone al centro della sala.
Momento di silenzio e ringraziamento.
Canto finale di lode e di gioia.

FACCIAMO FESTA INSIEME!

Al termine della liturgia penitenziale si può organizzare una semplice merenda che sottolinei il clima di festa che c'è alla base del sacramento della Confessione. Così come nella Parabola del Padre misericordioso, i bambini ricorderanno che la Riconciliazione è soprattutto un momento di grande gioia.

UNA PAGINA PER ME...

Frasi, parole, ricordi, fotografie del giorno
della mia prima Confessione

INDICE